Vente des Lundi 23 et Mardi 24 Avril

HOTEL DROUOT, SALLE N° 9

A DEUX HEURES

CURIOSITÉS

ET

OBJETS D'ART

EXPOSITIÒN PUBLIQUE

Le Dimanche 22 Avril 1877, de 1 heure 1/2 à 5 heures 1/2.

M° QUÉVREMONT	**M. MARGELIDON**
COMMIS^{te}-PRISEUR	EXPERT
rue Richer, n° 46	boulevard Haussmann, n° 38

PARIS — 1877

V⁰ˢ RENOU, MAULDE et COCK

IMPRIMEURS DE LA COMPAGNIE DES COMMISSAIRES-PRISEURS

Rue de Rivoli, 144

CATALOGUE

DE

CURIOSITÉS

ET

OBJETS D'ART

Meubles anciens en bois sculpté, Meuble Louis XIII, Coffre gothique, Commode Louis XVI, Tables Louis XV et Louis XVI, Trictrac Louis XV, Pendules, Marbres, Bronzes, Terres cuites, Porcelaines de Saxe et de Sèvres, anciennes Faïences françaises et italiennes, Étoffes orientales, Bijoux, Bois sculptés, Objets de vitrine, Objets anciens de la Chine et du Japon, Armes, Ivoires, Jades, Bronzes, Laques, Porcelaines, Tableaux, Étoffes japonaises.

ANCIENNES TAPISSERIES

Dont la vente aux enchères publiques aura lieu

HOTEL DROUOT

SALLE N° 9

Les Lundi 23 et Mardi 24 Avril 1877

A DEUX HEURES

Par le ministère de **Mᵉ QUÉVREMONT**, Commissaire-Priseur,
rue Richer, 46,
Assisté de **M. MARGELIDON**, Expert, boulevard Haussmann, 38.

EXPOSITION PUBLIQUE

Le Dimanche 22 Avril 1877, de 1 heure 1/2 à 5 heures 1/2.

PARIS — 1877

CONDITIONS DE LA VENTE

—

Elle sera faite expressément au comptant.

Les Adjudicataires paieront, en sus de leurs prix, CINQ CENTIMES PAR FRANC, applicables aux frais.

DÉSIGNATION

1 — Une Commode Louis XVI en marqueterie, avec cuivres et dessus de marbre.

2 — Une Boîte en vieux laque du Japon, avec poignée en argent.

3 — Une Table en vieux laque du Japon, avec garniture en argent.

4 — Une Table en vieux laque du Japon.

5 — Une Table japonaise; reliefs en laque sur fond de bois naturel.

6 — Un Plateau en laque du Japon.

7 — Un Panneau laqué du Japon, avec personnages.

8 — Un Écran en laque du Japon, avec sa garniture en cuivre gravé.

9 — Deux Panneaux en vernis Martin, fond or.

10 — Deux Panneaux en vernis Martin, fond vert.

11 — Une petite Table à tiroir Louis XV.

12 — Une Cheminée en marbre brèche d'Alep, époque Louis XIV.

13 — Deux Statuettes de femmes assises en bronze doré, style Louis XV.

14 — Deux Flambeaux en verre bleu et cuivre, époque Louis XVI.

15 — Un Plateau en porcelaine de Génori.

16 — Une Bouteille en porcelaine céladon.

17 — Deux Plats en céladon de la Chine, avec décor bleu grand feu.

18 — Une Coupe chinoise en marbre noir sculpté.

19 — Deux Plats à barbe en vieux Japon.

20 — Un Pot en porcelaine du Japon.

21 — Un Pot en porcelaine du Japon.

22 — Un Coffre en bois sculpté, style gothique.

23 — Une Coupe en porcelaine de Chine, monture en cuivre.

24 — Une Coupe en porcelaine du Japon, monture en cuivre.

25 — Une Jardinière en bois, monture cuivre en bas-relief, à jour, style Louis XV.

26 — Deux Flambeaux en porcelaine de Saxe.

27 — Deux Bols en porcelaine de Chine, monture en
bronze, style Louis XV.

28 — Deux Assiettes en porcelaine du Japon, style
Louis XV.

29 — Sept Bols en porcelaine du Japon et de la Chine,
et une petite Statuette en porcelaine du Japon.

30 — Deux Bols, avec leurs couvercles, en porcelaine
du Japon.

31 — Un Rouet ancien en bois et cuivre.

32 — Un Bas-relief époque Louis XVI.

33 — Quatre Cadres ronds renfermant des sujets
d'oiseaux formés par des plumes naturelles.

34 — Un grand lot d'Assiettes en porcelaine de Chine,
du Japon et de diverses provenances.

35 — Un Tapis de table en broderie turque.

36 — Deux Dessins (Portraits de femmes), dans leurs
cadres.

37 — Une grande Coupe en faïence italienne; décor de
personnages et arabesques.

38 — Un Bas-relief en bronze du xvie siècle.

39 — Bustes en bronze, sur socles en marbre, époque
Louis XIV. .

40 — Une Statuette en bronze, époque Louis XIV.

41 — Une Boîte ronde en mosaïque de perles de Venise.

42 — Une Potiche en faïence de Perse; décor bleu.

43 — Un Panneau, peinture gothique sur fond or.

44 — Un Coq en bronze ancien du Japon, servant de brûle-parfums.

45 — Un Récipient en ancien bronze du Japon.

46 — Un Pi-Tong en porcelaine réticulée du vieux Japon.

47 — Un Vase à fleurs, forme gourde, en céladon du Japon.

48 — Un Kakémono, représentant la Mort de Bouddha, pleuré par tous les animaux de la Création. Pièce importante.

49 — Un grand Sabre japonais.

50 — Un Kakémono (Apothéose de Bouddha) environné des principaux génies du bouddhisme.

51 — Un Kakémono représentant des yémas ou chevaux japonais.

52 — Un Kakémono représentant un ermite vénéré du Japon.

53 — Un Arc japonais.

54 — Dix Flèches japonaises.

55 — Une Lance japonaise, avec fer en forme de sabre.

56 — Une Lance japonaise burgautée.

57 — Une Lance japonaise.

58 — Un Cache-Pot en porcelaine du Japon.

59 — Un Cache-Pot en porcelaine du Japon. Pièce
ancienne et très-fine.

60 — Un Cache-Pot, forme carrée.

61 — Un Vase en vieux bronze du Japon, très-beau de
patine et de forme.

62 — Un Vase en vieux bronze du Japon, forme carrée,
très-beau de patine et de forme.

63 — Un Vase en vieux bronze du Japon, à bords évasés.

64 — Un Sabre japonais.

65 — Un Sabre japonais.

66 — Un Sabre japonais.

67 — Un Sabre japonais.

68 — Un Sabre japonais.

69 — Un grand Vase laqué, avec appliques en porcelaine.

70 — Un petit Sabre japonais, avec manche en galuchat.

71 — Une Déesse du printemps en vieux bronze du
Japon.

72 — Une Statuette assise en vieux bronze du Japon.

73 — Une Écrevisse montant sur un rocher couronné de
vagues en fureur en bronze ancien du Japon,
fondu à cire perdue.

74 — Un Fusil, pièce ancienne du Japon, avec canon damasquiné argent et or.

75 — Un Fusil, pièce ancienne du Japon, avec canon damasquiné argent et or.

76 — Une Bouteille en vieille porcelaine du Japon, à deux goulots; décors en or.

77 — Une Jardinière, à deux compartiments, en vieille porcelaine du Japon.

78 — Une Assiette Kanga en porcelaine du Japon.

79 — Un Bol Kanga en porcelaine du Japon.

80 — Un Bol Kanga en porcelaine du Japon.

81 — Une paire de Vases en céladon; décors polychromes.

82 — Une petite Potiche en porcelaine du Japon, avec son couvercle.

83 — Un petit Bol octogone en porcelaine du Japon; décors très-fins.

84 — Une Coupe carrée à pans; décors famillle verte (Japon).

85 — Une Coupe carrée en porcelaine du Japon; décors bleus et blancs.

86 — Une Tasse et son couvercle en porcelaine de Chine bleu grand feu, avec décors en or. Ancien

87 — Un petit Vase du Japon en cuivre poli, avec anses mobiles.

88 — Une Statuette (Femme de la cour de Kioto), servant de brûle-parfums, en bronze ancien.

89 — Une grande Théière en vieux bronze japonais niellé d'argent.

90 — Une Suspension en vieux bronze du Japon, forme bateau.

91 — Un Vase en vieux bronze du Japon, ayant pour anses deux abeilles.

92 — Une grande Chimère en vieux bronze du Japon.

93 — Une [paire de Lampes en porcelaine du Japon, monture en bronze doré.

94 — Un Buffle en vieux bronze du Japon.

95 — Un Brûle-Parfums en vieux bronze du Japon, pouvant se suspendre avec trois chaînettes.

96 — Un Brûle-Parfums en bronze, avec couvercle surmonté du dragon.

97 — Un Pi-Tong en vieux bronze du Japon, avec bas-reliefs représentant le dragon des Tiphons.

98 — Un Vase en bronze du Japon, avec statuette couronnant le couvercle.

99 — Un Brûle-Parfums en vieux bronze japonais, ayant sur la panse deux anneaux.

100 — Une paire de Vases en bronze du Japon.

101 — Une Théière en pâte céramique colorée dans la masse.

102 — Une Boîte contenant tout ce qu'il faut à un Japonais pour écrire et dessiner.

103 — Une Boîte contenant tout ce qu'il faut à un Japonais pour écrire et dessiner.

104 — Une Boîte contenant tout ce qu'il faut à un Japonais pour écrire et dessiner.

105 — Un Pot à tabac en ancienne porcelaine du Japon; décor rocaille.

106 — Une paire de Vases gravés en terre de Boccaro, forme carrée.

107 — Un Rocher avec fruits et feuilles. Travail japonais.

108 — Une Coupe en vieux cloisonné du Japon.

109 — Une Boîte en vieille porcelaine du Japon émaillée rouge, avec décor bleu sous émail sur le couvercle.

110 — Une petite Jardinière en vieille porcelaine de Chine émaillée en violet translucide, avec bas-relief sur les pans.

111 — Une importante Garniture de cinq pièces en bronze japonais.

112 — Une Pendule en bronze doré, époque du Consulat.

113 — Une Montre en or, époque Louis XVI.

114 — Un Mouvement de montre Louis XIV, merveilleux découpage à jour, couvrant le spirale.

115 — Une paire de Cache-Pots en porcelaine céladon, forme gourde.

116 — Une paire de Chimères en porcelaine céladon.

117 — Un Vase d'applique en porcelaine céladon, représentant un oiseau de proie.

118 — Trois Boîtes à compartiments en laque du Japon.

119 — Deux Neskés ou Boutons en ivoire du Japon.

120 — Quatre Éventails, dessins à la main, monture en ivoire burgauté.

121 — Un Miroir japonais en métal, dans sa boîte laquée.

122 — Un Compte-Gouttes japonais en vieille porcelaine Someskée.

123 — Deux Kakémonos : Tableaux d'artistes japonais.

124 — Cinq paires de Boutons de manchette en ivoire.

125 — Un Morceau de jade.

126 — Deux Boîtes en écaille, fine gravure.

127 — Un Bol en porcelaine craquelée.

128 — Une Boîte en argent du Japon.

129 — Un petit Vase en porcelaine céladon.

130 — Un Baiser-de-Paix en bronze du xviᵉ siècle.

131 — Un Étui en argent pointillé sur écaille, époque
Louis XVI.

132 — Un Buste de femme en bronze italien.

133 — Un grand Morceau de velours peint, à personnages.

134 — Un lot de Galons en or et argent.

135 — Une Table en bois et ivoire, servant au jeu de
trictrac, époque Louis XV.

136 — Un Cadre ovale noir.

137 — Une Vierge en faïence polychrome.

138 — Un Vase bleu grand feu de Chine; décors en or.

139 — Une Commode Louis XVI, garnie de ses cuivres.

140 — Un Pi-Tong en ivoire de Chine sculpté.

141 — Deux Tableaux : Eaux-fortes de Piranesi.

142 — Un Plat en faïence de Delft.

143 — Deux Bouts-de-Table en bronze doré, à trois lu-
mières chaque, style Louis XVI.

144 — Une Table à jeu, style Louis XV, en acajou.

145 — Deux Écrans en laque, peints et dorés.

146 — Un Miroir Louis XIV, style Boule, en écaille et
cuivres dorés.

147 — Une Tortue en bronze du Japon.

148 — Un Couteau, mauche en argent, avec les armes de
Louis-Philippe.

149 — Une Femme tenant une corbeille. Terre cuite.

150 — Une Boîte à couteaux en laque du Japon, à trois
compartiments.

151 — Une Gaîne en écaille et bronze, époque Louis XIV.

152 — Un Groupe japonais en ivoire.

153 — Un autre Groupe japonais en ivoire.

154 — Un grand Plateau, avec sculptures en relief.

155 — Une Miniature, dans son cadre.

156 — Un petit Cabinet en laque ancien.

157 — Un Présentoir en laque rouge de Pékin.

158 — Une petite Plaque en laque de Kioto.

159 — Deux Plateaux carrés en laque.

160 — Une Boîte (nécessaire de dame) en laque du Japon.

161 — Un Vase en bronze du Japon.

162 — Un Vase en bronze du Japon, sur trois pieds.

163 — Un Sucrier en porcelaine, genre Japon.

164 — Un Flacon en ivoire.

165 — Un Vase en bronze du Japon.

166 — Une Boîte en laque du Japon.

167 — Une Boîte en laque du Japon.

168 — Une Boîte en laque du Japon, avec passementerie.

169 — Une Boîte en laque.

170 — Un Cornet en pierre de lard.

171 — Un Service à thé en porcelaine du Japon, composé de cinq pièces, avec un grand plateau en laque rouge.

172 — Trois Manches de couteau.

173 — Un Instrument de musique du Japon.

174 — Un Sabre japonais.

175 — Trois Miniatures.

176 — Quatre Tabatières en cuivre et ivoire.

177 — Une Sépia : Moine en prière.

178 — Deux Landiers en fer forgé.

179 — Un Tapis de Smyrne.

180 — Un Coffret en bois sculpté (Ancien).

181 — Un Coffret en écaille et ivoire.

182 — Douze Assiettes en porcelaine décorée.

183 — Deux Plats en vieux Rouen.

184 — Deux Assiettes en vieux Rouen.

185 — Une Écharpe orientale.

186 — Un Christ et deux Chandeliers en bronze.

187 — Quatre Pièces en bois sculpté.

188 — Deux Pots italiens en faïence ancienne.

189 — Une Tasse et sa Soucoupe en **Sèvres**.

190 — Trois Plateaux en porcelaine de Sèvres ; décorée.

191 — Un Coffre en fer forgé.

192 — Un Pistolet arabe.

193 — Deux Boîtes en cuivre et un Plateau gravé.

194 — Un Lapin en faïence ancienne.

195 — Deux Éventails anciens.

196 — Un Rabot italien.

197 — Un Panier indien.

198 — Une Gourde indienne.

199 — Un Panier arabe.

200 — Une Pendule en marbre noir, sujet de Jeanne d'Arc.

201 — Deux Sépias encadrées de Girodet.

202 — Une Sépia : Dessin original, signé P. Peyron.

203 — Un Sujet en ivoire, époque Louis XVI.

204 — Trois Sujets en ivoire.

205 — Une petite Pendule Louis XIII.

206 — Un lot de Robes japonaises.

207 — Plusieurs Tapisseries verdure.

208 — Objets non catalogués.

V⁵ᵉ RENOU, MAULDE et COCK, impr⁵ de la Compagnie des Commissaires-Priseurs,
rue de Rivoli, 144.   75317